August Speyer

Echtes Aktenstück des Emser Kongresses

Antwortschreiben seiner Hochfürstlichen Gnaden

August Speyer

Echtes Aktenstück des Emser Kongresses
Antwortschreiben seiner Hochfürstlichen Gnaden

ISBN/EAN: 9783743661233

Hergestellt in Europa, USA, Kanada, Australien, Japan

Cover: Foto ©ninafisch / pixelio.de

Weitere Bücher finden Sie auf **www.hansebooks.com**

Deus, qui errata corrigis, & disperſa congregas, & congregata conſervas: quaeſumus, ſuper populum Chriſtianum tuae unionis gratiam clementer infunde; ut diviſione rejecta, vero Paſtori Eccleſiae tuae ſe uniens tibi digne valeat famulari. Per D. N. J. C. Amen. *Oratio Miſſae ad tollendum ſchiſma.*

An den geneigten Leser.

Keine der Schriften hat in diesem Jahrhunderte größere Aufmerksamkeit sowohl bey dem römischen Hofe, als auch in der katholischen Kirche und in ganz Deutschlande erreget, als des *Justini Febronii JCti de Statu Ecclesiae & legitima potestate Romani Pontificis liber singularis.* Klemens XIII. hat alle Erz- und Bischöffe Deutschlandes in einem an sie erlassenen Breve vom Jahre 1764 nachdrucksamst ermuntert, dieses Buch aus den Handen ihrer Gemeinde zu entfernen, und ihren Kirchensprengel von dieser Pest zu reinigen (a). Die meisten Erz- und Bischöffe Deutschlandes haben den Justin Febron in ihrem Kirchensprengel verbothen, und der dem päbstlichen Stuhle ganz ergebene Hr. Erzbischoff zu Trier hat den Hn. Weihbischoff von Hontheim, den gelehrten Verfasser dieses Buches, dahin vermögt, daß er seine in seiner Schrift aufgestellte Sätze

---

(a) *Hac igitur peste Dioecesin tuam, si forte illuc irrepserit, omni cura perpurgabis & diligentia. Breve Clementis XIII. S. P.*

Sätze widerrufen (b); und in einem Sendschreiben an die Geistlichkeit und das Voll des trierischen Erzbisthumes das Verboth seines eigenen Buches angekündet hat (c) Andere Erz- und Bischöfe ermunterten ihre Professores und Gelehrte dem Justin Febron eine gelehrte Fehde anzukünden, und mehrere haben die Sätze des Febronius mit äusserster Hitzigkeit bestritten, widerlegt und verdammt (d).

Kaum

(b) Romanae sedis quasdam praerogativas, & jura, quae ei vel ab Ecclesia legitime attributa, vel ex ipsa sacrae Hierarchiae indole atque institutione profluunt, publicisque sanctionibus firmata sunt in controversiam reducere, minuere & obternere — — — nec non quosdam usus curiae, quos aequior animus facile excusaret, taxare praesumpsimus: Aperuit nobis super his & aliis erroribus oculos Rvdmus & Serenissimus D. Archiepiscopus Princeps Elector noster, ostendens nobis, hos libros idoneos esse ad scindendam catholicam unitatem *Epistola D. ab Hortheim ad Clerum & populum Trevirensem. 1779.*

(c) His addimus speciale altefati Serenissimi & Rmi D. Archiepiscopi mandatum, quo vobis omnibus lectio aut etiam retentio librorum sub nomine Justini Febronii editorum districte & in virtute S. illius obedientiae, quam ordinario & supremo pastori vestro debitis, harum tenore literarum interdicitur. *Citata Epist.*

(d) Walch in der neuesten Kirchengeschichte S. 147 ꝛc. recensirt die Schriften derenselben.

Kaum sind etliche Jahre verstrichen, hat sich auf einmal das Blatt gewendet, und es sind andere Systeme aufgestellt worden: Schier wie in dem Schulen, das System des Koperniks die Lehre des Tycho verdrungen hat. Nach einer Zeit von 8 Jahren hat man anders zu denken, zu lehren, zu schreiben gelernt. Man hat sich beeifert eben jene Sätze aufzustellen und allenthalben geltend zu machen, welche vorhin von Erz- und Bischöffen, Universitäten, und Gelehrten verworfen worden. Wie abwechslend doch das Schicksal eines Buches ist? Die vier Hn. Erzbischöffe Deutschlandes sind bey dem Emser Kongreße noch weiter gegangen. Sie haben nicht nur allein die meisten Sätze ihrer Punktazionen auf die Grundsätze des Febrons gebaut, sondern man hat sogar dem Pabste alle seine Vorrechte in Bezug der Konkordate, der alternativae mensium &c. &c. gänzlich abgesprochen und ihm den blossen Namen eines Oberhauptes und den Schatten einer Primatjurisdiction unter der Vorbildung der deutschen Freyheit belassen (e). Zur Versech-

---

(e) Es ist unsers Erachtens schwer mit einer Primatjurisdiktion, des Bischoffes von Rom zu verbinden, daß keine seiner Bullen, Breven oder sonstiger Verfügungen ohne gehörige Annahme des Bischoffes verbinden solle. Und was bleibt denn so für den kanonischen Gehorsam übrig, den nach Seite 26 des Emser Resultats alle Christen dem

sche Offenherzigkeit stellt uns auch die aus diesen Irrungen, welche der Emser Kongreß zwischen dem pábstlichen Stuhle und den Erzbischöffen, und zwischen diesen und den Bischöffen angezettelt hat, fließenden schädliche Folgen nachdrucksamst vor Augen. In einer Periode, wo die Grundsätze unbeschränkter Landeshoheit, gegen welche kein Reichsverband noch Privatrecht oder Immunität gelten soll, wo die Diöcesanrechte, die bischöflichen Gerechtsame und die geistlichen Freyheiten theils durch das Placitum territoriale, theils durch angemaßte Befugniß eigene Bischöfe aufzustellen, theils durch aufgedrungene Dominikalsteuer (g) allenthalben wollen angefochten, und unterdrückt werden; sollen sich die kleinen Staaten der Erz- und Bischöffe, statt widrige Beyspiele der Uneinigkeit zu geben, aufs engste mit dem pábstlichen Stuhle und unter sich verbinden. Fehlt dieser Bund, so muß der Schwächere allzeit den Mächtigern nachstehen.

Ueber die Diöcesanrechte werden dermal viele irrige Vorstellungen und nachtheilige Schrif-

---

ten, und sich in vielen Stücken ganz willfährig erzeigen würde.

(g) Darstellung des Fürstenbundes 1787 Seite 178 neuntes Kapitel Pfalzbaierische Dominikalsteuer.

Schriften verfaßt, welche als Privat Meynungen ihren Weg ungeahndet gehen. Arglist und Modeton bringen sie vor die Augen des Fürstens oder Ministers, welche sie für ihr System nutzen (h). Die Frage von Befugniß der Einschränkung, oder Tilgung eines Diöcesanrechtes intereßirt sowohl die Kirche, und die Würde ihrer Freyheit; sie intereßirt sechs und siebenzig Prälaten, Fürsten und Kurfürsten, deren Eigenthum und Reichsstandschaft von ihren Diöcesanrechten ausgegangen, und mit ihnen endlich aufhören würden; und sie werden aufhören — und viele Bißthümer, die durch viele Jahrhunderte aufgeblüht, und jene unaufhörliche Stürme der

al-

(h) Die Baierischen Kanonisten beeifern sich in diesem Stücke sich besonders auszuzeichnen. Man lies nur: Briefe eines Baiern über die geistliche Gewalt der Bischöfe. Ob man Baierischer Seits bemüßiget und berechtiget sey eigne Bischöfe aufzustellen? über die Konkordate ꝛc. Item: Die Gerechtsame des Regenten nach dem Bedürfnisse des Staats eigene Landesbischöffe zu ernennen; auf die Pfalzbaierische Staaten und die dazu gehörigen Bißthümer angewendet 1787. lauter andächtige Nachbether des Bergmanns die in ihrer Gährung des juris regii alles überspannen, als wenn Privatmeynungen Reichsgesätze vernichten könnten, und die schon längst widerlegte Sätze mit dreister Kühnheit gegen die urkundlichsten Rechte darstellen.

alten eisernen Zeiten durch Religion, Fürstenmuth und vereinigter Standhaftigkeit glücklich überstanden haben, werden in neuern aufgeklärten Zeiten, da sie die wesentliche Grundgesetze der deutschen Freyheit, Konkordaten, Recessen vor allen sicher stellen, ihre Gerechtsame durch die unter ihnen herrschenden Kollisionen nach und nach verliehren, und gänzlich zertrümmert werden 2c. 2c. Diese und mehrere sehr wichtige Bemerkungen liefert uns dieses Antwortschreiben in Hinsicht auf die Emser Punktationen.

Da aber diese sehr interessante Schrift, die den stärksten Bezug auf das Resultat des Emser Kongreßes hat, nur den höchsten Höfen unmittelbar mitgetheilt worden, so schmeichle ich mir, daß das Publikum meinen Absichten vielen Dank wissen werde, wenn ich dieses ächte Aktenstück des Emser Kongreßes gemeinnütziger mache, und selbes der Preße überlasse. Einsichtsvolle Gelehrte haben mich in meinem Vorhaben bestärkt, und meine Absichten gebilligt. Nur muß ich noch die Bemerkung machen, daß man die Emser Punkten, welche dieses Antwortschreiben, auf einer Seite enthält, und auf der andern Seite von §. zu §. und von Schritt zu Schritt begleitet, gänzlich hinweg gelassen hat; weil solche ohnenehin, Jedermann in Händen hat, und hiedurch dem geneigten Leser die Kosten verringert werden. Die dem Antwortschreiben Sr. hochfürstlichen Gnaden zu Speier anpassende Vorrede ist dieses Innhalts:

Vor-

Vorrede.

Kaum ist die kleine Druckschrift unter dem Titel: Resultat des Emser Kongreßes von den vier deutschen Erzbischöfen unterzeichnet samt genehmigender Antwort Seiner Kaiserl. Majestät in ächten Aktenstücken im Anfange dieses Jahrs erschienen, so sind schon theils durch öffentliche Schriften, theils durch einige Zeitungsblätter äusserst verwegene Gerüchte nichte über die Gesinnungen, welche Seine Hochfürstliche Gnaden zu Speier wegen den Emser Kongreßpunkten gefasset haben sollten, verbreitet werden.

Diese Ausstreuungen konnten keine andere Absicht haben, als vor der Hand Mißverstand zu erregen, und vielleicht das in Seine Hochfürstliche Gnaden gesetzte Vertrauen zum voraus zu vermindern, ehe noch Höchstdieselbe ihre aufrichtige Erklärung über einen jeden der betreffenden Gegenständen Seiner Kurfürstlichen Gnaden zu Mainz freymüthig zu erkennen gegeben hatten.

Um aber das etwa gefaßte Vorurtheil auf einmal zu zerstäuben, so haben

haben Höchstdieselbe kein Bedenken getragen, ihre offenherzige Gedanken in der Art, wie solche nebst den beygefügten Beweggründen mittelst einer besondern Zuschrift Sr. Kurfürstlichen Gnaden zu Mainz eröffnet worden, dem Druck zu übergeben, und zur geschwinden Uibersicht die Emser Punkten selbst, wie sie Ihnen kommuniciret worden sind, beysetzen zu lassen.

Hiedurch wird derselben Mittheilung an die Herren Bischöfe Deutschlands, und an jene weltliche Reichsstände, in deren Land sich die bischöflich-Speierische Diözes erstreckt, ungemein erleichtert, welches um so angenehmer ist, als Se. Kaiserl. Majestät

be-

bereits im vorigen Jahre nicht nur den vier Herren Erzbischöfen Deutschlands, sondern auch Sr. Hochfürstlichen Gnaden zu Speier allerdnädigst bemerket haben, daß ein gemeinsames Einverständniß zwischen den Herren Erz- und Suffraganbischöffen und den betreffenden weltlichen Landesherren vorher gehen müsse.

Indessen glauben Seine Hochfürstliche Gnaden zu Speier sich das Zeugniß versprechen zu dörfen, daß Ihre Erklärungen nicht minder die der katholischen Kirche so nöthige Erhaltung der Einigkeit; als auch das einzelne Wohl der Ihnen von Gott anvertrauten Kirche bezielen. Und ob es zwar

bey

bey jezigen Zeiten leicht denkbar ist; daß andere nicht durchaus einstimmiger Meynung seyn werden; so wünsche jedoch Dieselbe nichts mehr, als daß der beste Erfolg ihrer ungeheuchelten Denkungsart entsprechen möge.

Bruchsal den 18. May 1787.

Ant=

Antwortschreiben

Sr. Hochfürstl. Gnaden zu Speier
an
Se. Kurfürstl. Gnaden zu Mainz.

So wie ich Euer ꝛc. noch vor kurzem versicheret, nehme ich nun keinen weiteren Anstand meine Erklärungs und Gesinnungen über die in dem Emser Kongresse verfaßten Punkten hochdenenselben wirklich mitzutheilen. Ehe ich aber insbesondere auf einen jeden derselben meine Gedanken äußere, habe ich für nöthig befunden, einige allgemeine Bemerkungen, als wohin ich mich hernach öfters beziehen werde, voraus zu setzen.

❖ ❖ ❖

Erstens, wenn ich auch verschiedenen Punkten, welche einen Bezug auf den päbstlichen Stuhl haben, entweder ganz oder zum Theil und mit gewissen Einschränkungen meinen Beyfall ertheilen werde; so ist im allgemeinen meine Meynung, daß in Rucksicht derselben einzig der Weg zu gütlichen Verhandlungen und Vorstellungen bey dem römischen Hof eingeschlagen werden möge. Verschiedene Vorfälle versichern mich selbst, daß Se. jetzt regierende päbstliche Heiligkeit billigen, und gerechten Begehren immer Gehör geben. Es ist dieses bekanntlich der Weg, welchen Se. jetzt regierende Kaiserl. Majestät allerhöchst selbst angerathen haben, als Ihnen 1769 verschiedene Beschwerde, wovon mehrere in die Emser Punkten übertragen worden, vorgelegt wurden, welchen ferner die Kaiserl. Wahlkapitulation Art. 14 §. 5 auszeichnet: und da der von dem göttlichen Stifter unserer Religion eingesetzte Primat von allen Katholicken sowohl, als den Bischöfen anerkannt wird; so meine ich, daß die demselben gebührende Rucksicht immer erst vorzüglich diesen Weg annehmlich

ma-

machen sollte, nebst dem daß hiedurch vielen bedenklichen Folgen, die doch wenigstens ihren guten Grund haben, am sichersten vorgebeugt werden möchte.

Ich kann zweytens hier zum voraus nicht unangemerkt lassen, daß, gleichwie der Besitz eines jeden Privatmannes allen natürlichen und positiven Gesätzen gemäß, wenn auch ein anderer gegen denselben noch so vieles und gegründet scheinendes einwenden zu können gedenket, in soweit gesichert ist, daß der besitzende nicht thatweise könne verdrungen werden; so bin ich allerdings eben auch der Meynung, daß der Besitzstand des päbstlichen Stuhls nach den Grundsätzen des Völker- allgemeinen Staats- und kirchlichen Rechts gewiß die nämliche Rucksicht verdiene. Da nun in diesem Falle, wenigstens ausser einem allgemeinen Koncilium, kein anderer Richter kann gedacht werden, so erhellet auch von daher, wie nothwendig der vorhin vorgeschlagene Weg der gütlichen Unterhandlungen seyn möchte. Ich weiß zwar wohl, was diesem Besitzstande des päbstlichen Stuhls von finstern Zeiten, irrigen Begriffen, falschen Urkunden, Anmassungen und Eingriffen ꝛc. zum Theil selbst in dem Eingange der Emser Punkten entgegen gesetzt werde; allein, gleichwie solche Behauptungen Niemand gegen seinen Mitburger zu faktischen Unternehmungen, und dahin berechtigen, ihn sogleich aus seinem Besitze zu werfen; so weiß ich auch nicht, wie doch so etwas gegen den päbstlichen Stuhl ohne alle Rucksprache mit ihm Platz greifen könne. Wenn nun die nämliche Grundsätze und darauf sich beziehende Verfahrungsart von Regenten unter sich, von weltlichen Regenten und Reichsständen gegen Bischöfe und die bischöfliche Gerichtbarkeit, wie sie in der Ausübung ist, von Bischöfen gegen Erzbischöfe, so wie der bekannte Weismann in seinen Bemerkungen über die Emser Punkten bereits angedeutet, sollten angewendet werden, so lassen sich die unausbleibliche Folgen hievon leichtlich überdenken.

Wenn drittens Gegenstände mit in Rucksicht kommen, welche durch öffentliche

Ver-

Verträge von dem ganzen Reiche veſtgeſetzt, oder worüber Reichsgeſetze, ihre authentiſche Auslegung, Ausdehnung oder Einſchränkung mit zur Sprache kommen, ſo fordert meine reichsſtändiſche Schuldigkeit für die Aufrechthaltung des Reichsſyſtems von ſelbſten, daß ich ſie dem Ermeſſen des Reichs anheimweiſe, und eine weitere Erklärung auſſer dem Reichstage und bey dem verſammleten Reiche würde meines Erachtens hier auſſer ſeinem Ort ſeyn, wobey ich aber, wenn etwa zu ſeiner Zeit dieſe Gegenſtände in die gehörige Berathung auf dem Reichstage kommen ſollten, dieſelbe meinen Pflichten und Ueberzeugung nach, abzugeben nicht entſtehen werde.

Es iſt viertens meines Erachtens unumgänglich nöthig, daß ein jeder Biſchof die gehörige Ruckſicht auf die Lage ſeiner Diözes, welche nach der Verfaſſung Deutſchlands ſo vielfältig iſt, und die damit befangene weltliche Landesherren nehme. Mein Kirchenſprengel erſtreckt ſich bekanntlich zum Theil in die Königlich Franzöſiſche Souverainete, zum

zum Theil in die Churpfälzische und Badische Lande. Mir scheint es ganz unläugbar zu seyn, daß weltliche Landesherren, wenn gewisse Grundsätze, und also auch die daraus gezogene Schlüsse unter Katholicken überhaupt annoch stritig sind, und noch vielmehr, wenn dieser Streit unter dem Oberhaupt und den Bischöfen obwaltet, wenn derselbe selbst die Unterthanen mitbetrifft, wenn die weltliche Landesherren noch dazu die zeitherige Verfassung ihren Unterthanen für zuträglicher halten, sich in allen diesen Fällen von Bischöfen entgegen gesetzte Grundsätze bis zur Entscheidung der allgemeinen Kirche aufdringen zu lassen, durch keine Macht können gezwungen werden, und wenn man so etwas wider den Willen des Landesherrn durchzusetzen suchen sollte, so möchten Kollisionen, welche am Ende der bischöflichen Gerichtbarkeit selbst am schädlichsten sind, daraus sich ergeben, gleichwie dann Euer ꝛc. selbst nicht miskennen werden, daß das neuerdings von Churpfalz angesprochene Placitum territoriale bereits eine Folge hievon gewesen. Nach diesen Voraussetzungen halte ich

Ad I.

ad I.

die Exemtionen betreffend ganz für angemeſſen und recht, daß der Clerus sæcularis ſowohl als regularis in einer jeden Diözes ſeinem Biſchofe untergeben ſeye, deſſen Aufſicht auch über die innere Ordensdiſciplin die jetzige Zeitläuften um ſo nöthiger machen. Es iſt eine Folge hievon, daß ſich Niemand mehr exempt nennen, oder auch einen unmittelbaren Rekurs nach Rom nehmen ſolle. Hierüber alſo und daß der päbſtliche Stuhl ſich die Einſchränkungen der Exemptionen auf dieſe Weiſe gefallen laſſen, könnten demſelben nach Maaßgab deſſen, was ich oben voraus bemerket, die angemeſſene Vorſtellungen geſchehen. Inzwiſchen was die Abſchneidung aller Verbindung der Ordensſtänden mit ihren auswärtigen Obern oder Generalkapiteln belanget, ſo iſt meines Erachtens ſo etwas in Deutſchland, wo ſo vielerley Staaten, in einem oder dem andern, zuweilen nur ein oder ſehr wenige Klöſter von dieſem oder jenem Orden ſich befinden, die nicht einmal in eine ſogenannte Provinz können zuſammen gebracht werden,

nicht anderſt als mit der ſchier gänzlichen
Zerrüttung verſchiedener Orden ausführbar.
Es würde hierinn ein Hauptſtuck ihrer Verfaſſung geändert, und ſie alſo ihrem gänzlichen Zerfall ſehr nahe gebracht werden.

Die Lage meiner Diöces, allwo ich die
wenigſte Pfarreyen zu vergeben habe, geſtattet mir auch nicht, ſo viel Weltprieſter auf-
ſtellen zu können, welche die Seelſorge zu
der öfters nöthigen Aushilfe erfordert; dieſe
Lage kann ich nicht ändern, und da mir daher auch tüchtige Ordensgeiſtliche zu gedachter Aushilfe nöthig ſind, ſo kann ich
meines Orts in eine ſolche Umänderung der-
ſelben, welche ihren gänzlichen Verfall nach
ſich ziehen würde, nicht eingehen.

Ad II.

Die Diſpenſationen betreffend ſo von
den Biſchöfen in den Abſtinenz- und Faſten-
gebothen, Ehehinderniſſen, höheren Weihen
und Ordensgelübten ertheilet werden ſollen, ſo
hat auf meinen Befehl mein Vicariat in ſeiner Antwort vom 21 Julius 1785 an Euer ꝛc.
Vicariat zu Mainz die Gründe bereits ange-
führt,

führt, aus welchen es weder räthlich, noch thunlich ist, daß ohne allen Einfluß des allgemeinen Primas in dem Abstinenzgeboth von einzeln Bischöfen dispensirt werden könne oder solle. Es würde hiedurch die Einigkeit in einer wichtigen Disciplinarsache ganz zerrüttet werden, und ich habe daher auf einen Mittelweg angetragen, daß nämlich die Abstinenztäge ihrer Anzahl nach gemindert, und insbesondere der Samstag in der Woche dispensiret, auch hierüber eine gemeinschaftliche Vorstellung dem Päbstlichen Stuhle überreichet werden möge, welches ich dann wiederholter dafür halte, und mich übrigens auf gedachtes Schreiben beziehe.

Was die andere obengenannte Dispensationen belanget, so ist der päbstliche Stuhl hierin in dem offenbaren Besitze, und ich bewerfe mich also noch auf jenes, was ich oben in Aucksicht desselben angemerket, mit dem Beysatze: daß ich dem Geiste der Kirchensatzungen gar nicht angemessen halte, wenn dergleichen Dispensationen, wovon verschiedene nur in höchstseltenen Fällen zeither ertheilt

theilt worden, gar zu sehr erleichteret, und also auch zu gemein werden sollten.

Ad III.

Daß der Bischoff allein nach seinem Gutdünken fromme Stiftungen solle abändern können, halte ich nicht für rathsam. Daß es bey Stiftungen in einem fremden Landesbezirke mit Ausschluß der Landesherren, oder auch auf seine Art mit Vorbeygehung Ihrer Kaiserl. Majestät sollte geschehen können, kan ohnedem nach dem neuesten Beyspiele zu Mainz die Meynung nicht seyn; daß es aber auch der Bischoff ohne Einwilligung des römischen Stuhls solle thun können, ist eine Gelegenheit, solche Stiftungen nach willkürlichem Ermessen in andere umzustalten, die etwa zwar nach dem Gutdünken des Bischoffs, nicht aber anderer dabey ganz und gar nicht befangener, und also mehr unpartheiisch urtheilender besser seyn sollen. Ich selbsten würde sehr grosses Bedenken haben, einige Stiftungen, die ich theils in meinem Lande gemacht, oder noch zu machen gedenke, zu errichten, wenn ich zum voraus wissen sollte,

daß

daß mein Nachfolger solche nach seinem Eigendünkel wiederum abändern könnte. Das nemliche würde von anderen, wes Standes sie seyen, zu befahren seyn, daß sie nemlich durch diese in die Hände des alleinigen Bischoffs gelegte Macht von allen solchen ferneren Stiftungen würden abgeschreckt werden. Hieraus ergiebt sich nun

ad IV.

daß die Anverlangung, und Ertheilung der römischen Fakultäten nicht gänzlich aufhören könne, wohl aber könnte ad a) von dem römischen Hofe verlangt werden, daß die Fakultäten auf eine mehr dem bischöflichen Ansehen angemessene Art, und zwar ein für allemal auf die Zeit der Lebenstäge oder persönlich ertheilt würde. Ad b & c) Da der pä bstliche Stuhl die besondere Verhältnisse, Lage und Bedürfnissen aller Kirchen in der Welt unmöglich wissen kann, so ist es allerdings an dem, daß eine römische Bulle, Breve, Erklärungen, Bescheide, und Verordnungen der römischen Congregationen keine verbindende Kraft haben, wenn sie von dem Bischofe schoffe aus erheblichen Ursachen nicht angenommen und verkündet worden, und könnte allerdings verlangt werden, daß hierauf zu Rom auch in den gerichtlichen Verfahren die gehörige Rucksicht genommen werde. Ad d) Die Nuntiaturen betreffend, so haben Ihre Kaiserl. Majestät selbsten in ihrem Rescript vom 12 Oktobr. 1785 ausdrücklich dieselbe nicht nur als blosse politische Gesandten, sondern auch als Abgeordnete des Kirchenoberhaupts anerkannt, in solchen Fällen, wo das Amt des Primas, Kraft dessen Einsetzung einzuwürken hat, wenn nun denenselben fernerhin nichts weiter übertragen wird, was der bischöflichen Jurisdictioni ordinariæ abbrüchig, sondern nur solche Reservaten betrift, welche in Rucksicht des päbstlichen Stuhls annoch anerkannt werden, und in Bezug auf dessen Besitzstand anerkannt werden sollten, so sehe ich nicht, wie man ihre gänzliche Aufhebung anverlangen, oder ihnen die Ausübung der nur auf die päbstlichen Reservaten einen Bezug habenden Gerichtsbarkeit versagen könne. Es scheint mir dieses um so ungezweifelter zu seyn, wenn ein

welt-

weltlicher Hof die so geartete und bestimmte
Nuntiaturgerichtsbarkeit zur Erleichterung seiner Unterthanen selbsten wünschet, und wenn
er sonst die bischöfliche Gerechtsame unbe-
einträchtiget lassen will, so wie er es in Anse-
hung der Nuntiatur zu München laut der
Beylage die Kurpfälzische Regierung erkläret
hat. Eben hieher passet, was ich oben bemerket, daß ein solcher Hof gegentheilige
annoch strittige Grundsätze sich nicht werde
aufdringen lassen, und daß aus der hieraus
nothwendig entstehen müssenden Kollision Folgen sich ergeben möchten, welche auf der einen Seite einen die auf der andern Seite
etwa bezweckte Vortheile ganz überwiegenden
Verlurst nach sich ziehen dörften. Da mir
ferner kein Reichsfundamentalgesetz bekannt
ist, welches den Nuntiaturen platterdings alle
Gerichtsbarkeit verbietet, wohl aber solche,
welche dieselbe nur inner ihren Gränzen ein-
schränken, und keine Civilsachen von ihnen
wollen angenommen wissen, so ist die gänzliche Niederlegung aller Gerichtbarkeit, sie
mögte Namen haben, wie sie wollte, eine
ausdehnende authentische Auslegung dieser
Reichs-

Reichsgesetzen, welche unstrittig dem ganzen Reiche zustehet, und von welcher auch Protestanten, welche in Rucksicht ihrer katholischen Unterthanen auch mit betheiliget sind, sich nicht werden ausschliessen lassen. Wenn man also auch diesen Zweck zu erzielen, sich bestreben wollte, so halte ich dafür, daß so etwas ohne Mittheilnahm des ganzen Reichs nicht geschehen möge, wo ich dann, wenn einmal diese ganze Sache bey dem Reichstage zur Sprache kommen sollte, mir annoch das weitere zu erklären vorbehalte. Daß ad e) die Proto- und Notarii apostolici bey den bischöflichen Gerichten immatriculirt seyn sollen, wird meines Erachtens der römische Hof ohne Schwierigkeit eingestehen. Eigene Notarios zu creiren, wird von einem jeden Bischofe abhangen; wie es dann auch allerdings billig ist, daß die sogenannten Ordensnotarii aufhören sollen.

Ad V.

Ist es allerdings dem Geiste der Kirchensatzungen angemessen, was die Emser Punkten von der Mehrheit der Präbenden enthalten,

ten, worüber ich noch unten, wo die Sprache von dem brevi eligibilitatis seyn wird, meine Gedanken äußern werde. Es sollte zu Rom allerdings nicht, als in dem wahren Falle des cap. de multa dispensirt werden; daß aber diese Dispensation dem Bischofe hinführo überlassen werde, halte ich um so weniger für die Kirchenzucht und für die Ausrottung des hier offenbar eingeschlichenen Mißbrauchs für räthlich, als gewisser ich überzeugt bin, daß hiedurch nur noch mehreren solchen Dispensationen, welche der Bischof seinen Anverwandten und aus vielfältigen Rucksichten auf seine Kapitularen, gewisse Familien, sichere Verbindungen, anzuhoffende andere Vortheile, und so weiter ro nicht wohl abschlagen kann, oder wird, Thür und Thor geöffnet werde. Vielmehr halte ich dafür, daß man dem päbstlichen Stuhle zweckmäßige Vorstellungen machen sollte; diese Dispensationen nicht anderst, als nur in seltenen Fällen zu ertheilen: auch ist darauf zu bestehen, daß die Dispensationsbulle dem Bischofe, wo die zweyte Präbend gelegen ist, ehe sie zum Vollzug gebracht werde, zur
Ein-

Einsicht vorgelegt, von diesem die Beweggründe genau untersucht, auch der also Dispensirte nicht eher zu dem Besitz seiner Präbend gelassen werde, bis der Bischof die Wahrheit der Beweggründen wird befunden, und also die Vollstreckung der Bulle gestattet haben. Wenn er aber dieselbe aus erheblichen Gründen wird versagt haben: so ist zur Abschneidung aller sonst unübersehlicher Weiterungen hiebey fest zu setzen, daß alsdann kein weiterer Rekurs weder an den Erzbischof, noch sonsten wohin Platz haben solle.

Ad VI. & VII.

Und zwar ad a) ist es die wahre und der Geschichte angemessene — wie auch durch die noch vorhandene Brevien des Pabsts Eugen des IV. ausser allem Zweifel gesetzte Meynung, daß die Gültigkeit und Beobachtung der von der deutschen Nation mit gewissen Modificationen in dem Jahre 1439. angenommenen Dekreten des Conziliums zu Basel, von dem apostolischen Stuhle durch einen wahren Verttrag der deutschen Nation zugestanden worden, und also diese Dekreten in

der

der Regel die deutsche Conkordaten enthalten, wovon hernach die zu Aschaffenburg, errichtete selbst nach dem Buchstaben derselben die Ausnahme machen, welches also auch meinen Beyfall hat. Unterdessen da

Ad b & c) die gedachte Aschaffenburger Conkordaten eben auch ein öffentlicher Vertrag zwischen dem apostolischen Stuhle, und der deutschen Nation sind, wovon ein Theil ohne die Einwilligung des andern nicht abgehen kan; so mag ich meines Orts nicht billigen, was in den Emser Punkten von der Extravag. execrabilis & ad regimen gesagt wird. So, wie beyde in die Conkordaten aufgenommen sind, müssen sie, jedoch nach ihrem wahren Verstand, welchen deutsche Kanonisten bereits genugsam erläutert haben, in solang in ihrer Gültigkeit und Ausübung verbleiben, bis auf eine rechtsgültige Art dieser Vertrag wiederum aufgehoben oder abgeändert wird. Nachdem die Conkordaten auch zugleich ein Reichsgrundgesätz, und ein mit der ganzen Nation errichteter Vertrag sind, so muß hiezu der damal vorzüglich damit betheitheiligte katholische Reichstheil auf dem Reichstag miteinstimmen, und eben dieß ist von dem andern mitpaciscirenden Theile, dem apostolischen Stuhle, gleichermassen zu sagen.

Ad d & e) Da nach dem dürren Buchstaben der Conkordaten selbst keine neue und andere Reservationen mehr Plaz haben können, als welche in denselben bereits enthalten sind; so folgt auch von sich, daß dieses durch keine Klausulen, sie mögen Nahmen haben, wie sie wollen, erwirket werden könne.

Ad f) Dem unbefangenen Publikum hat es auffallend seyn müssen, daß die Verfasser der Emser Punkten, da sie den römischen Hof sonst überall in der zeitherigen Ausübung gewisser Rechte zu beengen suchen, hier dennoch ihm die brevia eligibilitatis aus gewissen unschwehr zu errathenden Rucksichten bis zur allgemeinen nicht so leicht zu hoffenden Kirchenreformation zu ertheilen belassen. Ich habe bereits angemerket, daß die Mehrheit der Bisthümer noch vielmehr als jene der simplen Präbenden den Geiste der Kirchensazungen entgegen seye Die Bischöffe müssen

vor-

vorzüglich wünschen, daß Niemand nebst einem Erzbisthum auch noch mehrere Bisthümer besitze. Die ganz natürliche Folge ist, daß auch diese nach gewissen Grundsäzen behandelt werden, welche vielleicht die Bischöffe den Erzbischöffen nicht einraumen können, und welche den bischöflichen Gerechtsamen nachtheilig sind, daß also auch diese nach und nach mehr Gefahr und Beeinträchtigung leiden müssen, wenn man auch nichts von politischen Rucksichten melden will: Z. B. in Absicht auf die geschwindere Beförderung der Geschäften, auch daß die Einkünfte und Produkten des Lands zum wahren augenscheinlichen Nutzen in demselben verbleiben und verzehrt werden. Das bischöfliche Interesse erfodert demnach vielmehr, daß dem römischen Hofe Vorstellungen dahin gemacht werden, hinführo kein solches breve eligibilitatis mehr, als nur in einem ganz ausserordentlichen Falle, und nie auf ein Erz- und Bisthum zugleich zu ertheilen.

Da Euer ꝛc. meine Meynung ohne Ruckhalt zu wissen ohne Zweifel verlangen, so habe

habe ich auch kein Bedenken nehmen können, selbiges so, wie in den übrigen Punkten, also auch in diesem zu thun.

Ad VIII.

Daß die resignationes in favorem ad a) eine Art erblicher Nachfolge in die geistliche Pfründen einführen, und also den kanonischen Satzungen nicht angemessen seyen, ist ausser Zweifel: es ist daher sehr erwünschlich, daß sie nicht so häufig, und ohne alle Ursache angenommen, auch dessentwegen dem päbstl. Stuhle Vorstellungen gemacht werden; dieselbe aber platterdings zu verwerfen, leidet die Lage meiner Diözes nicht, indem sie nicht nur in Frankreich üblich sind, sondern nach den dortigen Grundsätzen auch sogar zu Rom angenommen werden müssen.

Ad b) Ist eben so erwünschlich, daß sie wenigst nicht anderst, als mit dem testimonio idoneitatis des Bischoffs sollen angenommen, und also die Vorstellungen mit auf diesen Punkt gerichtet werden. Wie lang aber ein solches testimonium idoneitatis gültig seyn

seyn solle, ist meines Erachtens der Willkühr eines jeden Bischoffs zu überlassen. Daß

ad c) den resignatariis so, wie es in den Konkordaten geschehen, ebenfalls eine drey-monathliche Friste anberaumet werde, binnen welcher sie ihre Bulle vorlegen sollen, ist ganz billig, und daß

ad d) die unbedingte Resignationen von einem ieden Bischoffe angenommen werden können, ist den allgemeinen Rechten gemäß; daß aber solche Benefizien nicht reservirt seyen, ist dem Sinne der Konkordaten von daher ganz angemessen, da dieselbe auch nicht einmal durch die sogenannte Kanzley Regeln reservirt waren: es kan also alles dieses keinen Anstand haben.

Ad IX.

Wenn von Coadjutorien die Rede ist, welche ein Recht zur nachfolge ertheilen sollen; so ist der römische Stuhl in dem Besitze, daß dieses nicht ohne seine Einwilligung geschehen solle. Hiezu aber sollen ohne Zweifel kanonische Ursachen vorhanden seyn. Wenn nun noch auf diese Art Coadjutorien auf Erz- und Bisthümer Platz haben sollen, so sind sie um so weniger auf geringere Dignitäten gänzlich zu verdringen. Den Besitz des apostolischen Stuhls betreffend, beziehe ich mich auf dasjenige, was bereits mehrmalen von demselben gesagt worden, wobey es sich aber von selbsten verstehet, daß Niemand an seinem hiebey habenden etwaigen Collations-Ernennungs- oder Wahlrechte einige Beeinträchtigung geschehe.

Ad X.

Daß die dignitates majores post pontificales in den Kathedralstiftern und principales in den Kollegiatkirchen dem Buchstaben der Konkordaten, und den ganz gegründeten Auslegungsregeln derselben nach, nicht reservirt seyen, kann meiner Meynung nach ganz wohl behauptet werden. Bey jenen Stiftern also, wo noch der Besitz und Observanz dieser Meynung gemäs ist, ist allerdings darauf zu bestehen; unterdessen ist es bekannt, daß nachdem der römische Hof den Konkordaten einen andern Sinn gegeben, er bey verschiedenen deßen Stiftern eine gegentheilige Observanz, und eine Gattung von Verjährung für sich habe. Es ist ferner bekannt, daß nach dem Natur- allgemeinen Staats- und Völkerrecht dieser Rechtstitel der Verjährung wenigst, wenn nicht immer eine Gelegenheit zu allgemeinen Verwirrungen Platz haben solle, so viel wirken müße, daß nicht sogleich mit Thathandlungen angefangen werde. Eben dieses halte ich auch hier dafür, daß bis etwa zur Ausfindigmachung eines beyden Theilen annehmlichen Mittelweeges, welcher auch von berühmten deutschen Kanonisten bereits vorgeschlagen worden, und worauf in den zu machenden Vorstellungen etwa angetragen werden könnte, es noch zur Zeit bey der zeitherigen Observanz, die Ernennung zu solchen Dignitäten, oder die Konfirmation betreffend, zu verbleiben habe.

Ad XI.

Daß nur fähige und verdiente Männer zu Benefizien befördert werden, hierauf ist ohne Zweifel ein vorzügliches Augenmerk zu nehmen. Meines Orts muß ich hier bemerten, daß Se. jetzt regierende päbstl. Heiligkeit aus eben dem Grunde die von mir vorgeschlagene anderen Empfehlungen immer vorgezogen haben. Ich bin auch gar nicht entgegen, daß bey dem päbstlichen Stuhle dahin angetragen werde, derselbe möge immerdar auf das testimonium idoneitatis jenes Bischoffs, in deſſen Diözes das Benefizium, so er in Kraft der Conkordaten zu vergeben hat, etwa gelegen, die gehörige Rucksicht nehmen, das erforderliche Alter betreffend, ist ohnedem in den gemeinen Rechten das nöthige Versehen, wobey es dann allerdings sein Bewenden haben kann.

Ad XII.

Daß jene, welchen keine Hinderniß entgegen steht, die Residenz bey ihren Kirchen machen, und die dort erforderliche Dienste thun sollen, hierauf pflegt selbst der apostolische Stuhl in seinen Kollationsbullen vorzügliche Rucksicht zu nehmen, als in welchen eingeschaltet zu werden pflegt, daß jener, welcher inner zwey Monathen, wo er residiren kann, dannoch dieses sträflich verabsaumet,

met, seines Benefiziums ipso jure & facto wiederum privirt seyn solle. Ich sehe ganz keine Ursache, warum man diesen gegen so vielfältige Kirchensatzungen freywillig sich vergehenden Leuten die Zeitfrist verlängern solle, und meine also, man könnte es hierin bey dem Innhalt der päbstlichen Bullen belassen, daß nach dem Ablauf von 2 Monathen die von dem Pabst erhaltene Präbend als erledigt angesehen werden solle: es müßte dann seyn, daß der Bischof in Rucksicht der von ihm ertheilten Präbenden und Benefizien eine andere Frist in seinem Bißthum zu bestimmen für räthlich finden sollte, oder aus besonderen Umständen auch in der bereits gesetzten Zeit zu dispensiren gedächte.

Ad XIII.

Daß Auswärtige keine Benefizien in Deutschland besitzen sollen, ist nach dem Beyspiele anderer Lande billig; unterdessen, wer als solcher anzusehen seye, oder nicht, wird von Kaiser und Reich abhangen, wobey ich die mir wegen meiner sich in die königliche französische Souverainete erstreckende Diözes nöthige Rucksicht vorbehalte.

Ad. XIV.

Wenn Statuten von dem Kaiser, apostolischen Stuhle, oder Bischöffen bestätiget sind, so solle in denselben nicht dispensirt werden. Es ist aber meine Meynung nicht, daß dieses auch von andern Statuten verstanden werde, welchen dergleichen Bestätigung abgehet, welche vielmehr ahndungswürdige Mißbräuche enthalten, oder begünstigen, willkührliche Aenderungen der älteren Statuten einführen, oder gar die bischöfliche und Landesherrliche Gerechtsame begränzen wollen: diese sind vielmehr als null und nichtig anzusehen.

Ad XV.

Dieser Punkt mit seinen Unterabtheilungen Ad a b & c) betrifft eine Sache, die platterdings nur die Herren Erzbischöffe angehet. Unterdessen, da man hier erzbischöflicher Seits ein ex pacto zustehen sollendes Recht anspricht, so wird doch dem ungeachtet beliebt, daß erst Vorstellungen hierin an den römischen Hof geschehen sollen, und ich meyne, daß also jenes, was ich schon überhaupt von vorhergehen sollenden Vorstellungen gesagt habe,

habe, hierdurch selbst gebilliget werde. Ob aber und wie fern die Herren Erzbischöffe dahin genugsame Rechtsgründe haben mögen, den päbstlichen Stuhl wider seinen Willen zu vermögen, daß er ihnen sogleich mit der Konfirmation ein indultum perpetuum, auch mit Ausschluß jener, welche zeither einen Antheil an diesem Indult gehabt, ertheile, muß ich ihnen in einer die Bischöffe nicht mit intereßirenden Sachen überlassen. Was aber;

ad d) Von der von einem Nationalconzilium wegen Aufhebung der päbstlichen Monathen zu schaffenden Abhilfe überhaupt gesagt wird, hierunter muß ich bemerken, daß, da ein Nationalconzilium nur die Zusammenkunft der Erz- und Bischöffen voraussetzet, die Concordaten aber ein Vertrag mit der ganzen Nation sind, diese Sache nicht sowohl auf ein blosses Nationalconzilium, als den ganzen katholischen, die weltliche Reichsstände mit begreifende Reichstheil gehöre, wobey dann auch der andere mit pacificirende Theil, nämlich der apostolische Stuhl ebenfalls muß gehört werden, und einseitig thatweis nichts geschehen kann.

Ad

Ad XVI.

Da nur die Hrn. Erzbischöffe ein solches Indult erhalten, so ist es ebenfalls eine sie angehende Sache, ob die zweyte Provision von dem päbstlichen Stuhle verlangt werden könne oder nicht: und ob also die Hrn. Erzbischöfe nicht nur mit einem strengen Rechte von ihm fodern können, daß ihnen ein indultum perpetuum ertheilt werden müsse, sondern auch daß selbigem platterdingen kein Vorbehalt oder Klausul eingerucket werden möge, will ich dann, so wie in dem vorstehenden Punkt denenselben ebenfalls überlassen.

Ad XVII.

Seine kaiserliche Majestät haben selbst in ihrem oben bereits angeführten Rescript nicht verlangt, daß die Nuntii gänzlich aufhören sollen: und ein deutscher weltlicher Reichsstand wird sich das Recht, so wie andere Abgesandte, also auch einen päbstlichen Nuntium an seinem Hofe anzunehmen, nicht benehmen lassen, wenn nur hierdurch den bischöflichen Gerechtsamen kein Eintrag geschiehet. Da nun der allgemeine Kirchenrath zu Trient eben in der angeführten Seſſ. 22; C. 2. de reform. noch ausdrücklich feſtſetzet: quarum rerum (es iſt die Rede von den Erforderniſſen zu einem Bißthum) inſtructio ... a Sedis apoſtolicæ legatis aut ejus ordinario, eoque deficiente, a vicinioribus ordinariis ſumatur, den ſogenannten proceſſum informativum ausdrücklich auch den Nuntiis geſtattet; ſo kann dieſe tridentiniſche Stanktion ſo platthin nicht aufgehoben und vernichtet werden. Unter den nähern Biſchöff, welcher dieſen Prozeſſum zu machen habe, wird in den Emſer Punkten der Conſecrator beſtimmet. Wenn etwa dieſer Conſecrator, und zwar nach Maaßgabe der ältern Kirchenzucht, wie es heißt, der Erzbiſchof ſeyn ſolle: ſo wäre dieſes den Biſchöffen um ſo verfänglicher, als ſicherer zu vermuthen iſt, daß hiedurch die Abſicht geheget werde, das ehmalige Conſecrationsrecht zugleich wieder hervor zuſuchen und gegen die mehrhundertjährige Obſervanz und Freyheit der Biſchöffe neuerdings einzuführen. Daß es dem biſchöflichen Anſehen nicht angemeſſen ſey, auf dieſe Art die Abhänglichkeit in Ruck-

ſicht

sicht der HHn. Erzbischöfen zu vermehren, auch diese Consecration weit kostspieliger zu machen, ist ohnedem ein Gedanke, der sich von selbst hier einstellen muß.

Ad XVIII.

Die Ernennung der Bischöffe in partibus ist ohnedem eine blos von dem apostolischen Stuhle abhangende Sache: da nun zeither von demselben hierzu auch ein solcher processus informativus, der doch immer seinen wichtigen Grund hat, verlangt worden, so halte ich dafür, es solle bey der hier obwaltenden Obserzanz belassen werden.

Ad XIX.

Daß ein kanonisch erwählter Bischoff in Deutschland ohne ein besonderes Indult die Administration in spiritualibus übernehme, ist den gemeinen Rechten selbst nach dem Cap. 44. de elect. & elect. potest. gemäß, und eben dieses ist, seine fürstliche Lande und Regalien betreffend, eine Folge des Vertrags Heinrichs des V. mit dem Pabst Calixt dem II., daß die Bischöffe ferner ihre reichsfürstlichen Lande und die ihnen darüber zustehenden ren landesfürstlichen Rechte durch die kaiserliche Investitur erhalten, ist eben so richtig, und daher kann die Klausul in *temporalibus* in der Confirmationsbulle von diesen Gegenständen nicht verstanden werden. Den Bischöffen gebühret aber auch noch nebst dem die Aufsicht auf die Verwaltung jener geistlichen Güter, welche zwar ausser ihren weltlichen Landen, jedannoch in ihrer Diözes liegen, und wenn diese Klausul nur diesen Gegenstand bezielet, so ist sie nicht nur den Reichsgesetzen nicht entgegen, sondern vielmehr selbigen, und der Observanz ganz angemessen. Es möchte also anstatt der gänzlichen Weglassung in den Vorstellungen an den päbstlichen Stuhl vielmehr nur auf eine der deutschen Verfassung gemäße Einschränkung und Erläuterung angetragen werden.

Ad XX.

Ist es auf seine Art nicht zu verkennen, daß der bischöfliche Eid, so wie die neuere Formel derselben lautet, in verschiedenen Rucksichten auf die heutigen Zeiten nicht mehr passend sey, und also eine Abänderung desselselben zu wünschen. Hierauf möchten ebenfalls bey Sr. päbstlichen Heiligkeit die Vorstellungen mitgerichtet werden.

Ad XXI.

Will ich zwar dahin gestellt seyn lassen, ob die Annaten- und Palliumsgelder vorzüglich die Quelle seyen, woher der Schuldenlast, welcher verschiedene deutsche Kirchen drucket, geflossen, massen andere Bißthümer, welche eben auch diese Annaten bezahlt, und noch dazu wegen ihrer Lage und besondern Umständen ganz ausserordentliche und Millionen übersteigende Ausgaben gehabt, auch nur mittelmäßige Einkünften geniessen, dennoch nicht nur mit keinen Schulden belastet sind, sondern auch einen beträchtlichen Vorrath in allen Stucken haben. Unterdessen da selbst in den Confordaten enthalten ist, daß dem Befund der Umstände nach die Taxe gemäsiget werden solle, so bin ich dieser Ermäsigung gar nicht entgegen. Nur finde ich nicht angemessen, daß dieselbe entweder von einem Nationalkonzillium, oder Kaiser und Reiche ohne alle Rucksprache mit dem römischen Hofe
ein-

einseitig so geschehen könne und solle, daß selbiger hernach platterdingen diese Taxe sich müsse gefallen lassen; da es einen Beyderseits verbindlichen Vertrag betrift, so halte ich dafür, daß dießfalls Verhandlungen mit dem gedachten Hofe zu pflegen wären, wo dann die gemäßigte Denkungsart Sr. jetzt regierenden päbstlichen Heiligkeit allerdings hierin eine befriedigende Erklärung dahin hoffen läßt, daß diese Taxe auf eine billigmäßige Art so festgesetzt werde, welche hernach von beyden Seiten unverbrüchlich zu halten wäre. Wenn die Mittel, wodurch der päbstliche Stuhl auch wider seinen Willen gezwungen werden solle, und worauf hier bey etwaiger Versagung der Konfirmation gedeutet wird, dahin gemeynet seyn sollten, daß dieselbe wiederum von den Herren Erzbischöffen geschehen solle, so wird hiedurch abermal die mehrere Abhänglichkeit der Bischöffen von den Erzbischöffen bezielet, welches dann von keinem Bischoffe kann gutgeheissen, noch weniger unterstützet werden.

Ad XXII.

Daß ad a) die bischöfliche erste Instanz nicht beeinträchtiget werde, ist den ungezweifellichen Rechten und Obſervanz gemäß: es iſt aber weder unter meiner, weder unter den Regierungen meiner Vorfahrer bekannt, daß entweder der römiſche Hof, oder die Nunziaturen Eingriffe in das Recht der erſten Inſtanz verſucht hätten. Ad b) das Recht der zwoten betrift einzig die Herren Metropolitanen. Daß in dieſer in einigen Diözeſen Deutſchlands und ins beſondere in der würzburgiſchen die Obſervanz vorwalte, daß entweder an die köllniſche Nunziatur, oder an das erzbiſchöfliche Vikariat die Berufung ergehen könne, bezeuget der berühmte Kanoniſt Bartel. Ob und wie nun dieſe auf der gedachten Obſervanz zu beſtehen gedenken, oder nicht, überlaſſe ich ihnen. Ueberhaupt aber muß ich hier den Wunſch beyfügen, daß die Verfahrungsart der erzbiſchöflichen Vikariaten mehr dem biſchöflichen Anſehen und Gerechtſamen angemeſſen und ſo beſchaffen ſeyn möge, daß hiedurch nicht ſelbſt den Biſchöffen zu gerechten Beſchwerden Anlaß gegeben, und eine andere Inſtanz erwünſchlicher werden möchte. Es iſt unleidentlich, wenn aus gegründeten Urſachen der Biſchof die Sache an die erzbiſchöflichen Vikariaten

nicht

nicht für geeignet ansiehet, diese sich dem ungeachtet nicht nur für kompetent zu erklären, sondern auch hernach, obschon päbstliche Dehortatorien an sie ergangen, in der Sache fürzufahren anmaffen: so wie bereits unter des Herrn Kardinal von Schönborn Regierung geschehen zu seyn, die Beylage erweißlich macht. Durch dieses einzige werden die Bischöffe platterdings der Willkür eines solchen Vikariats in allen ihm beliebigen Fällen, und zwar ohne alles Mittel, da man den weitern Rekurs erschweret, oder nicht achtet, und bey der immer mehr zur Absicht genommenen Herunterfetzung des päbstlichen Stuhls nicht zu achten braucht, untergeordnet. Von anderen Beschwerden sowohl unter der Regierung meines unmittelbaren Herrn Vorfahrers, als auch der Meinigen gedenke ich hier nichts weiters anzuführen.

Ich bin aber von der Billigkeit Euer ꝛc. überzeugt, daß Hochdieselbe so etwas ganz und gar nicht zu billigen gedenken, und habe also auch kein Bedenken Euer ꝛc. meinen weitern Wunsch dahin zu äussern, daß es Denenselben bey dieser Gelegenheit auch gefällig

lig seyn möge, Dero Vikariat in die gehörigen Schranken zurück zu weisen, und insbesondere demselben um allen Beschwerden fernerhin vorzubeugen, gemessenst aufzugeben, daß selbiges 1) so wie es den gemeinen Rechten selbst gemäß, keine Appellationen annehme in Disziplinarsachen unter dem Vorwande des Excessus modi. 2) Die Person des Bischofs betreffend, so wie es ebenfalls den gemeinen Rechten gemäß, 3) vorzüglich, wenn die Frage di- oder indirecte von einem in dem Umfang der hierarchischen Gewalt, welche selbst in den Emser Punkten als unumschränkt angegeben wird, enthaltenen besondern Recht ist, oder dorthin sich auflöset, und wo sich also das erzbischöfliche Vikariat anmaßen würde, durch Verfügungen oder auch in Gestalt eines Urtheils die bischöfliche Gewalt entweder zu zernichten, oder doch einzuschränken, welches dieses Vikariat gewißlich dem römischen Hofe nicht gestatten und dorthin eine anmaßliche Appellation anerkennen würde, und wo auch dessentwegen in weltlichen Gegenständen gegen die Reichsgerichte selbst, der Rekurs an den Reichstag gegründet wäre, 4) In ganz geringfügigen Geldsachen, besononders da keine Summa appellabilis. festgesetzt ist.

Ad c) Daß die geistlichen Gerichte mit solchen tüchtigen Männern besetzt seyn sollen, ist ganz recht und heilsam: auch ist es allerdings gut, daß bey denselben auf die Reichspraxis mit gesehen werde. Meines Orts habe ich eine verbesserte Prozesordnung bereits vor mehreren Jahren erlassen, und dieselbe auch meinem Vikariate zu beobachten vorgeschrieben. Gleichwie aber eben in den Reichsgesetzen eine Summa appellabilis festgesetzt ist, so sollte dieses auch bey den geistlichen Gerichten geschehen, und zwar um so mehr, da mir aus den Protokollen meines Vikariats bekannt ist, daß Appellationen angenommen werden, wo die Kosten die geringfügige Summe selbst ziemlich überstiegen haben.

Ad d) Daß von dem römischen Hofe auf Verlangen der Partheyen judices delegati ernannt werden, ist den Konkordaten gemäß; allein dieselbe müssen auch gehalten seyn, diese Delegation anzunehmen, und sie nicht so, wie mich Beyspiele lehren, unter allerhand Vorwand ausschlagen können, in-

dem

dem es sonst höchst beschwerlich wäre, endli(
einen aufzufinden, der diese Delegation a(
zunehmen geneigt wäre.

Ad e) Dem Vorschlage wegen eines
errichtenden Provinzialsinodalgerichts ansta
der dritten Instanz, kann ich aus nachst
henden Gründen nicht beytretten. Der He
Erzbischof würde erstens nebst dem Direktor
noch zwey Beysitzer zu ernennen haben, u
also nach der zweyten erzbischöflichen Insta
auch die dritte eine erzbischöfliche seyn, we
ches um so mehr jene Provinzen trift, n
nur wenige Suffraganbischöffe sich befinde
Zweytens würde hierdurch aller Rekurs (
den apostolischen Stuhl fast aufgehoben sey
und auch jenen Partheyen, welche diesen i
rer Sache und Umständen annehmlicher fä
den, ganz abgeschnitten werden, welches m
weder räthlich, weder thunlich zu seyn sche
net. Drittens sind selbst die weltliche Reich
stände, auch verschiedene protestantische bi
bey vorzüglich mit intereßiret, wenn die Re
davon ist, was für eine letztere Instanz ih
katholischen Unterthanen in den zu den gei
lichen Gerichten geeigneten Gegenständen h

den sollen. Es würde also etwas ohne Mit einwilligung derselben nicht durchzusetzen seyn, und hierdurch würden nothwendig noch weit aussehende Schwierigkeiten erreget werden. Was für politische Ruckſichten, wenn einmal ein ſolches ſtändiges Corpus errichtet wäre, auf Seiten der weltlichen eintretten müßen, werden einem hierüber denkenden ohnedem nicht entgehen. Es würde viertens dieſes Sinodalgericht, den Diözeſen mehrere und ſchwerere Köſten verurſachen, auch die brauchbareſte Männer von anderen ihrem Bißthume zu leiſtenden unmittelbaren wichtigen Dienſten entfernen. — Da es vermuthlich die Meynung haben möchte, daß dieſes Sinodalgericht in der erzbiſchöflichen Reſidenzſtadt ſeinen Sitz haben ſollte, ſo würden zwar dieſe Köſten erzbiſchöflicher Seits geſparret, dadurch aber der Einfluß von dieſer Seite noch mehr vermehret werden. — Man würde fünftens die biſchöfliche Beyſitzer in ſein Intereſſe einzuflechten, — auch Grundſätze, die eben den biſchöflichen Gerechtſamen nicht allerdings günſtig, ihnen annehmlich zu machen, oder gar in ſeine Dienſte zu ziehen, Mittel und Wege genug haben. — Da endlich hierdurch

durch ein in den Konkordaten selbsten enthal=
tener Punkt abgeändert werden sollte, so
könnte es nicht ohne Mitbeystimmung der
beyden pacisirenden Theile geschehen.

Ad XXIII.

Scheint der Eingang besagen zu wollen
daß sowohl die bischöflichen, als erzbischöfli=
chen Rechte einen göttlichen Ursprung zum
Grunde haben: — dieses letztere wird aber
wohl, wenn die Worte diesen Sinn haben
sollten, den Verfasser dieser Stelle, kein ge=
nugsam unbefangener zugestehen. — Die
Wegraumung der bey den Seelsorgern, Stif=
tern, und Klöstern eingeschlichenen Mißbräu=
che setzen die gedachte Verfasser bis dahin
aus, bis die Bischöffe, nach ihrer Denkungs=
art in ihre ursprüngliche Rechte wiederum
eingesetzt seyn werden; allein ich meyne, es
liegen so verschiedene Mißbräuche auf der
platten Hand, welche auch auf die gegen den
apostolischen Stuhl angesprochene Rechte
keinen Bezug haben, die aber bey der jetzigen
Lage ein Bischof nicht ausrotten kann, wenn
er sich nicht unübersehnlichen Appellationen
und Weitläuftigkeiten aussetzen will, daß e=

eine

einen solchen Verschub nicht eben nöthig gehabt hätte, die Einleitung der hierin so heilsamen Verbesserung mit Abschneidung nur gedachter Weitläuftigkeiten sogleich zu treffen. — Was übrigens von der Abänderung oder Aufhebung der Konkordaten zu Aschaffenbung gesagt wird, so gehöret dieses, wie ich bereits mehrmalen angemerkt, nicht auf ein Nationalkonzilium, sondern vor den Kaiser, und aber auch zugleich den ganzen mitbefangenen Reichstheil, allwo, wenn an dem gehörigen Orte die Sprache hievon seyn wird, ich auch das weitere äussern werde, und nur soviel dahier bemerke, daß es alsdann vorzüglich darauf ankommen wird, ob die den Bischöffen zurückgegebene päbstliche Monaten, die wieder eintretten sollende erzbischöfliche Gerechtsame aufwiegen, und sie also einen wahren Vortheil von dieser Aenderung haben werden. Euer ꝛc. habe ich diese meine Gedanken von den Emser Punkten, so wie sie mir von Hochdenenselben mitgetheilt, und demnächst öffentlich bekännt worden, ohne Ruckhalt also vorgelegt, wie ich sie nach meiner Ueberzeugung den Grundsätzen des natürlichen und positiven Rechts, der Billigkeit,

dem

dem Reichsſyſtem, den übrigen verſchied.
hier zuſammentreffenden und öfters ſich du
kreutzenden Ruckſichten, den Zeitläuften,
allerſeitigen Verhältniſſen, der etwa tl
lichen Ausführung an gemeſſenſten zu
erachtet, wobey ich anderen ihre etwaige
gegen geſetzte Meynungen gern überlaſſe.

Uebrigens da Ihre Kaiſerliche Maje
anverlangt haben, daß über die Gegenſtä
des Emſer Kongreſſes mit den Biſchöffen
betreffenden Landesherren Kommunikation
pflogen werden ſolle, ſo glaube ich, es ſ
dieſem allerhöchſten Begehren entſprecher
und ich habe mich auch dahero veranlaſ
befunden, dieſe meine Geſinnungen ander
Biſchöffen und mitbetheiligten Reichsſtä
den ohne Anſtand mitzutheilen, womit v
bleibe ꝛc.

Abschrift

E. T. E.

Unsern ꝛc. die päbstliche Nuntiatur, und wegen Benachrichtigung derselben Annehmung in unsern Staaten Euch schon zugegangene gnädigste Weisung hat einzig und allein die Wohlfahrt unserer Unterthanen und heilsame deren Beförderung zu ihrem Gegenstande. Da zu Folge dieser Gesinnungen erwähnte Nuntiatur zu mehrerer Erleichterung der Angelegenheiten eines jeden und Ersparung derer Kösten um Ernennung eines Commissarii, bey welchem die Gesuchen und Anlangen eingegeben, und durch den nicht nur solche an jene eingeschickt, sondern auch die darauf ergehende Fertigungen denen Supplikanten zugestellt werden mögen, angetragen, und abschriftlich anverwarte Instruktion für ihn aufgestellt hat, wie auch ein und anderes zu genehmigen bewogen, und unsern Churpfälzischen geheimen und geistlichen Administrationsrathen Tit. Philipp von Hertling ausersehen ha-

haben; als lassen es Euch unter dem gnä[digsten]
sten Befehl andurch ohnverhalten seyn,
sollet gedachtem von Hertling die Nach[richt]
davon zu Unterziehung dieses Geschäfts
Ausschließung beykommender Urschrift
dachter Instruktion ertheilen, und wie
runter die Absicht an unser und päbstli[cher]
Seite weit davon entfernt ist, daß die w[elt]
liche Gerichtsbarkeit irgend auf einige m[ö]
deste Weise turbirt, und die erz= und bischö[fli]
chen Rechte gekränket werden, also ersag[ten]
Commissarium eines Theiles in der Ausübu[ng]
seines Auftrages schützen, andern Theils a[ber]
auch ihme einbinden, weder einige Bittschr[ift]
anzunehmen, oder sonstigen durch die Reich[s]
grundgesetze und unsere Landesfürstliche V[er]
ordnungen verbottenen Rekurs in weltlich[en]
Sachen an= oder in andern weis nicht w[as]
unsern landesfürstlichen Hoheitsbefugnisse[n]
und daraus fliessenden juribus placiti nac[h]
theiliges vorzunehmen, noch mit den na[ch]
den Schlüssen des tridentinischen Kirchenrat[hs]
und Conkordaten zur Nuntiatur ungeeignet[en]
Fällen sich abzugeben, und dadurch unnöthi[ge]

B[e]

Beſchwerden zu veranlaſſen. Wobey Wir
euch in übrigen verbleiben. München den
5ten Nov. 1786.

An Churpfälziſche Regierungen &
mut. mutand. Jüllich- und Bergiſchen geheimen Rath alſo ergangen.

*Venerabili Fratri Lothario Francisco Mogun-
tino S. R. E. Principi Electori.*

BENEDICTUS P. P. XIII.

Venerabilis Frater ſalutem &c. Quas
aſſidue ſuſcipimus pro vindicanda ſacro-
rum Canonum diſciplina moleſtiſſimas
curas, non leve ſibi ſolatium adjungunt,
cum a fraternitate tua remedium ex-
ſpectare debemus, atque in zelo juſtitiæ
que tua fiduciam collocamus. Quoni-
am igitur dilectus filius noſter Damianus
Hugo S. R. E. Cardinalis de Schœnborn
Epiſcopus ſpirenſis queſtus eſt de nimia
facilitate curiæ tuæ metropolitanæ in ex-

cipi-

❧ ❧ ❧

cipiendis subditorum suorum appella1
hibus, tamque ut in causis presbyte
rum Nicolai Henrici Wagner, Franc
Henrici Hahn, Andreæ Hoffmann, Be
ardi Gœck, & Joannis Lambertz perf
cuam faceret necessaria ad nos docume
transmisit. Nos autem cum nihil, 1
utraque parte audita decernere dece
fraternitati tuæ sedulo injungimus;
quidquid ad tuenda in causis antedic
acta & decreta episcopalis istius curæ id
neum & oportunum reputaverit, ad n
mittat. Post libratas enim excussasq
partium rationes, quod æquum esse ce
fuerimus, rite & ordine definiemus, c
terum novit præ cæteris fraternitas t
appellationes ad innocentium tutelan
non ad reorum impunitatem esse instit
tas, atque a sacro Tridentino Consil
plerisque in casibus esse constitutum, 1
appellationes recipiantur, nisi prius ma1
dat

atis judicis aut praelati sui paruerit is, qui causae suae patere putat in appellatione perfugium. Tibi praeterea, venerabilis frater, latere non possunt decreta fel. recor. Clementis P. P. VIII. praedecessoris nostri anni 1600. edita, quae nuper ad calcem novissimi concilii romani in Lateranensi Basilica a nobis celebrati adjecta sunt, nonnullis additamentis aucta ad appellationum usum & inhibitiones, que inde emanare solent ordinandas, quarum omnium observantiam districte requirimus & mandamus. Dum autem alacris obedientiae tuae erga nos & hanc sanctam sedem atque erga sacras regulas digna ordini tuo zeli argumenta praestolamur, tibi, venerabilis frater, apostolicam benedictionem impertimur. Datum Romae die 16. August 1727.